이 순간

이 순간

생각하는 동화 1

정채봉 지음 · 이성표 그림

샘터

· 차례 ·

1⋯ 가실 줄 모르는 사랑

10초 동안 ⋯　10
민들레 꽃 ⋯　18
보다 기쁜 것 ⋯　24
동전의 행로 ⋯　28
가실 줄 모르는 사랑 ⋯　34
물과 포도주 ⋯　42
대지 ⋯　46
지우지 못한 한마디 ⋯　54
꺼져 버린 사랑 ⋯　60
이 세상 길 가기 ⋯　68

2⋯ 껍질로부터의 탈출

세 가지 질문 ⋯   76
껍질로부터의 탈출 ⋯   82
오늘 ⋯   88
어떤 유산 ⋯   92
가면과 얼굴 ⋯   96
이별 ⋯   102
혀 속의 칼 ⋯   106
이 순간 ⋯   110
선택의 조건 ⋯   114
이기는 사람과 지는 사람 ⋯   120

3··· 참지혜

지혜 주머니 ··· 128
하늘에 닿은 노래 ··· 136
참지혜 ··· 140
두 손님 ··· 146
줄이기와 늘이기 ··· 152
사향주머니 ··· 158
사소한 것이 소중하다 ··· 162
자라는 금고 ··· 168
사슬 ··· 172
하나라도 있으면 ··· 176

4… 마음 한가운데

첫 마음 …　182
마음 한가운데 …　190
쉽고도 어려운 것 …　198
빛과 그늘 …　204
잠 못 드는 이를 위하여 …　210
거기 누가 있는가 …　214
길 …　218
두 얼굴 …　226
어떤 낚시 대회 …　234

1⋯ 가실 줄 모르는 사랑

10초 동안

여름이 오자 오리네에도 휴가 바람이 불었다. 딸 오리가 아빠 오리한테 여행을 허락해 달라고 졸랐다.
아빠 오리가 딸 오리를 불러 앉혀 놓고 말했다.
"네 마음을 10초만 묶어 보아라. 그 일이 익숙해지면 어디라도 보내 주마."

딸 오리는 명랑하게 대답했다.
"분명히 10초죠?"
"그래, 10초야."
딸 오리는 얼씨구나 하고 돌아갔다.

얼마 후 딸 오리가 아빠 오리 앞에 나타났다.
"아빠, 10초 동안 마음을 묶는다는 것이 쉽지 않다는 것을 알았어요.
하지만 나는 해냈어요."
"그래, 결과는 무엇이냐?"
"단어 하나를 외웠어요."
아빠 오리는 고개를 저었다.

딸 오리가 다시 아빠 오리 앞에 나타났다.
"아빠, 10초 동안 마음을 묶고 있었더니
상대편이 그동안에 열 번도 넘게 마음을 움직이고 있는 것을 알 수 있었어요."
아빠 오리는 고개를 저었다.

딸 오리가 다시 나타났다.
"아빠, 10초 동안 마음을 묶고 있었더니
허깨비들을 쫓아다니는 저를 볼 수 있었어요."
아빠 오리는 고개를 저었다.

돌아간 딸 오리가 또다시 나타났다.
"아빠, 10초 동안 마음을 묶고 있었더니 꽃이 독사로 변하는 것을,
그리고 독사가 꽃으로 변하는 것을 볼 수 있었어요."
아빠 오리는 고개를 저었다.

딸 오리가 이번에는 조용히 나타났다.
"아빠, 10초 동안 마음을 묶고 있었더니 그 10초 동안에 죽을 수도, 살 수도 있다는 것을 알았어요."

비로소 아빠 오리가 고개를 끄덕이며 말했다.
"그래, 그만하면 여행을 가도 되겠다. 어디서나 10초 동안씩 마음을 모으면 길이 나타날 터이니 겁내지 말고 다녀라."

민들레 꽃

길가의 자갈 가운데 소년을 짝사랑하는 돌멩이가 있었다.
그러나 소년은 돌멩이한테 눈 한 번 주지 않았다.
그저 꽃나무 앞에서나 머물다 떠날 뿐.
돌멩이는 저도 꽃이 되게 해달라고 하느님께 간절히, 간절히 빌었다.
비로소 하느님의 응답이 있었다.
"꽃이 되면 아픔이 있게 되는데
그래도 꽃이 되겠느냐?"
"네."
"꽃이 되면 한해살이밖에 되지 않는데
그래도 좋겠느냐?"
"네."
돌멩이는 앉은자리에서 풀꽃이 되었다.

드디어 소년의 눈길이 꽃이 된 돌멩이한테 주어졌다. 간혹.
그때부터였다.
꽃이 된 돌멩이한테 가슴앓이가 시작된 것은.
어찌나 심한지 나중에는 머리까지도 하얘져 버렸다.
옆의 돌멩이가 말했다.
"무엇 하러 꽃이 되어서 그 꼴이 되니?
사랑받지 못하더라도 우리처럼 이렇게
아픔이 없는 돌멩이가 낫지……."

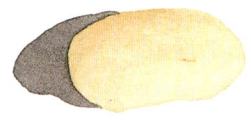

꽃이 된 돌멩이가 고개를 저었다.
"아니야. 비록 아프고 한 해밖에 살지 못한다 하더라도 사랑을 나누었다는 것이 중요해."
그러자 하늘로부터 들려오는 소리가 있었다.
"너의 갸륵한 마음을 길이 전하기 위하여 이 세상 끝나는 날까지 네 자손은 번성하게 되리라."
바람이 민들레 꽃 씨앗들을 둥둥 실어 날랐다.

보다 기쁜 것

언제부터인지, 그 법당의 부처님 고개는 오른편으로 약간 돌아가 있었다.
어느 날, 부처님께 향을 공양하러 온 할머니가 스님께 말씀을 올렸다.
"스님, 부처님께서 우리를 보시지 않고 다른 데를 보시는데요."
스님이 부처님을 보니 과연 그런 것도 같았다.
스님은 부처님의 고개가 정면을 향하게 좌대를 조금 옮겼다.

그런데 며칠 후에 꽃 공양을 하러 온 젊은 신도가
고개를 갸우뚱거리며 말하였다.
"스님, 부처님의 고개가 담장 밖을 보고 있는 것 같은데요."
스님은 부처님의 미소가 향해 있는 쪽으로 나가 보았다.
그곳은 하반신이 마비된 거지가 살고 있는 움막인데,
절에 오다 말고 이를 발견한 소녀가 돕고 있었다.

스님은 부처님의 가슴속 말씀을 들었다.
'나에게 공양을 하는 것보다도 저기 버려진 사람을 도와주는 것이
나를 더 기쁘게 해주는 것이다.'

동전의 행로

저는 백 원짜리 동전입니다.
수많은 사람의 손과 손을 거쳐 지금은 당신 주머니 구석에서
어떻게 될지 모르는 운명 속에 대기하고 있습니다.
어떤 사람의 손에서는 기쁨을 일궈 내기도 하였고, 또 어떤 사람의 손에서는
갈등을 빚어내기도 하였지요.
그러나 저는 짜릿하고 떨리던 기쁨의 순간만을 기억합니다.

시골 아저씨의 지갑 속에 머물렀던 때 일입니다.
동구 앞길에서 펑펑 눈물을 쏟고 있는 아이를 만났습니다.
그 아이의 눈물은 심부름할 돈 백 원을 잃어서 생긴 것이었습니다.
그때 아저씨가 지갑 속에서 나를 꺼내어 아이의 손바닥 위에 놓았습니다.
그 순간, 기쁨이 전류되어 흐르던 아이의 작은 손을 잊을 수가 없습니다.

할머니의 주머니 속에서 기거하고 있을 때지요.
그 할머니는 꽤나 나를 오래 간직하고 있었는데
버스 정류장에서 두 다리가 없는 걸인을 만났습니다.
그때 할머니는 나를 찾았지요.

그러나 주머니 속 귀퉁이에 숨어 있는 나를 찾아내지 못하였어요.
한참을 걸어가다가 우연히 내가 만져지자 다시 걸인을 향해
빠른 걸음을 옮겨 놓던 할머니와
내 가슴의 환희란!

가난한 연인한테 가 있을 때의 일입니다.
그 연인들은 멀리 떨어져 있었지요.
공중전화로 대화를 할 때마다 동전이 부족하여 말을 아끼던 그 안타까움이란!
그날 그 연인은 "늘 당신 곁에 있어요"라고 하는데
하마터면 말이 끊어질 뻔하였지요.
그런데 내가 들어가서 "사랑과 함께"라는 말까지 하게 되었을 때의 보람도
잊지 못할 것입니다.
부디 저를 꺼내어서 한 번 더 보아 주시기를 바랍니다.
저를 그냥 쓰이는 것으로만 여기지 마시고 의미를 새겨 주시기를 바랍니다.
저한테 또 한 번의 값진 추억을 주시는 당신이기를 기대하며.

가 실 줄 모르는 사 랑

오리들이 사는 호수에도 여름이 왔다.
여름은 오리들에게 있어서 낭만의 계절이기도 하지만 더러는 예기치 않은 후유증을 남기기도 한다. 그것은 젊은 오리들의 성性 문제가 어느 때보다도 강하게 드러나는 계절이기 때문이다.
어른 오리들이 모여서 의논한 끝에 원앙을 초청해서 사랑에 대한 강의를 듣기로 했다.
원앙이 왔다. 그는 먼저 사랑에 실패한 젊은 오리의 경험담을 듣고자 했다.

한 처녀 오리가 나와서 말했다.
"작년 여름 일입니다. 사랑하는 총각 오리와 함께 휴가를 떠났습니다.
첫날은 정말 즐거웠습니다. 함께 푸른 물을 가르며 수영을 하였습니다.
따로따로 둥지를 틀고 아름다운 꿈을 꾸며 잠들었습니다.
그런데 다음 날 저녁이었습니다. 소나기가 내리자 무섭지 않느냐며
그가 나의 둥지로 건너왔습니다. 나는 원하지 않았는데 그가 강하게
함께하기를 원했습니다. 그러나 내가 허락하고 나자
그는 나한테서 멀어져 갔습니다. 나는 사랑의 시작으로 생각하였는데
그는 사랑의 끝으로 마무리하였습니다."

원앙이 입을 열었다.

"지금부터는 제가 알고 있는 것을 말씀드리겠습니다. 젊은 만남은 끊임없는 갈구를 가져옵니다. 그리고 함께 보면 모든 것이 아름답습니다. 사랑을 즐거운 것만으로 생각하기 쉽습니다. 그러나 우리는 선조로부터 이렇게 배웠습니다. '사랑은 갈구인 동시에 인내이며, 아름다움인 동시에 슬픔이기도 하며 즐거움인 동시에 고통이기도 하다. 인내로 사랑이 성숙하며 슬픔이 승화하면 어느 것보다도 아름답다. 그리고 고통이 행복의 샘이 되기도 한다.'
우리는 절대 어떠한 경우이건 혼전에는 둥지를 함께 쓰지 않습니다. 함께 한 둥지 속에 있으면 유혹을 떨쳐 버린다는 것이 불가능하기 때문입니다. 그리고 우리는 몸의 관심을 나누어 영혼에 대해서도 대화합니다. 성의 유희보다도 하늘의 별과 풀잎의 흔들림과 풀벌레들의 노래를 함께 듣는 걸 더 즐거워합니다."

이때 한 오리가 일어나서 질문하였다.
"그렇게 아끼다가 상대가 변하면 어떡합니까? 우리는 변하지 않는 증거로 몸을 요구하기도 합니다."
원앙이 미소 띤 얼굴로 대답하였다.
"사랑은 믿음과 신뢰입니다. 못 미더운 사랑은 믿음과 신뢰가 다져질 때까지 더욱 키워 가는 것이 중요합니다. 그 시점에서의 성행위는 더 자랄 수 있는 풋사과를 따버리는 것과 같습니다."
원앙은 이렇게 말을 맺었다.

"물의 힘을 전기로 바꾸는 댐처럼 자제는 성욕의 힘을 진정한 사랑으로 변화시킨다는 것을 알아 주시기 바랍니다. 이런 사랑이야말로 가실 줄을 모르는 사랑입니다. 즐겁되 후회 없는 여름휴가가 되기를 빕니다."

물과 포도주

그는 첫눈에 그녀한테 반했다.
그는 아버지를 만나서 그녀와 결혼하고 싶다고 청원하였다.
아버지가 물었다.
"사귄 지 얼마나 되었느냐?"
"달포쯤 되었습니다."
아버지는 밖으로 나가서 냉수 한 잔과 포도주 한 잔을 가지고 왔다.

아버지가 말했다.
"이 두 잔 중 어떤 잔을 원하느냐?"
"물론 포도주 잔이지요."
"그렇다면 네 결혼을 좀 더 미루어야겠다."

아들은 눈을 동그랗게 뜨고 물었다.
"왜 그래야 하죠, 아버지?"
"너희들 사랑이 이 포도주처럼 익으려면
아직 더 많은 시간이 필요하기 때문이다."
아버지는 말했다.
"너희는 즉석 라면, 즉석 사진 같은 즉석을 좋아하더구나.
그러나 그것은 사람 관계에서 본다면 금방 떠온 이 맹물과 같은 것이다."
아들은 아버지의 말을 잠자코 듣고 있었다.
"포도주는 최소한 사계절을 묵혀야 제 맛을 얻을 수 있다.
기다림과 참을성이 있어야 향취가 있고 도취가 있는 술이 되는 것이다.
너희의 사랑도 이 포도주가 되길 바란다."

대지
― 루미의 시를 인용하여

하느님은 장미의 귀에 뭔가 속삭이셨다.
그러자 장미는 싹을 틔우며 미소 지었다.

하느님은 돌에게 뭔가 소곤거리셨다.
그러자 돌 속에서 보석이 빛났다.

하느님은 해에게 뭔가 귓속말을 하셨다.
그러자 새빨간 뺨이 수백 개나 해를 뒤덮었다.

하느님은 물에게 뭔가 은밀히 말씀하셨다.
그러자 물은 흐르기 시작했다.

하느님은 대지에게 가만가만히 속삭이셨다.
그러나 대지는 꿈쩍도 하지 않고 그저 응시할 뿐이었다.
후일, 장미가 입을 열었다.
"하느님은 나와 함께 계시겠다고 말씀하셨다. 그래서 나는 잎을 틔우고 꽃을 피웠다."
돌도 말했다.
"나한테도 계시겠다고 했는 걸. 그래서 나는 내 안에 보석을 가졌지."
해도 나섰다.
"나한테도 머무신다고 했는데……"
물 또한 가만있지 않았다.
"나한테도 그러셨어. 그래서 내가 움직인 거야."

그러나 대지는 말이 없었다.
그저 그 순간에도 세상의 모든 것을, 심지어 썩고 죽은 것까지 받아들이는
사랑의 일을 계속할 뿐.
더 이상 내려갈 수 없을 만큼 내려가 있는 겸손한 대지.
짓밟아도, 짓밟아도 끝없이 용서하는 대지.
볍씨가 떨어지면 벼를, 풀씨가 떨어지면 풀을 키우는 정직한 대지.
오직 대지만이 온몸으로 하느님의 말씀을 지키며 살아가고 있는 것이다.

지우지 못한 한마디

마술사로부터 신기한 지우개를 받은 사람이 있었다.
"이 지우개로는 어떠한 것도 다 지울 수 있다.
딱 한 가지만 빼고는."
그는 지우개를 가지고 신문을 지워 보았다.
세계의 높은 사람들 얼굴을.
그리고 말씀을.
그러자 보라.
정말 말끔히 지워지고 없지 않은가.

그는 신이 났다.
그림책도 지우고
사진첩도 지웠다.
시도 지우고
소설도 지웠다.

그는 아예 사전을 지워 버리기로 하였다.
그런데 지우개로 아무리 문질러도
다른 것은 다 지워지는데
한 단어만은 지워지지가 않았다.
땀을 뻘뻘 흘리며 문지르고 문지르다
마침내 지우개가 다 닳아지고 말았다.
그와 그 지우개가 끝내 지우지 못한
단어는 이것이다.

'사랑.'

꺼져 버린 사랑

성년을 맞이한 거미가 있었다.
잎새를 스치는 바람에도 가슴이 두근거리고 저녁이면 잠자리가 끈적해지는
기분하며 간혹 한 부분에 가래톳이 서는 듯 뻣뻣해지는 증세가
자주 나타나곤 했다.
그물코에 걸리는 날파리 등의 먹이보다도 더 간절히 기다려지는 그.
물을 마셔도 가셔지지 않는 갈증.
달빛 한 옴큼만 새어 들어와도 혹시나 하고 밖을 내다보게 만드는 조바심.
'그는 어디에 있을까, 만나 보고 싶어라, 이 마음 전하고 싶어라.'

그런데 어느 날 갑자기 그가 나타났다. 아침 잠자리에서 일어나 나갔을 때 그가 거기에 있었다.
— 처마 밑의 그물에 달려 있는 아름다운 방울.
방울은 거미한테 들켜 버린 속살이 부끄러워서인지 빛살을 되쏘고 있었다.
그러나 그 빛살마저도 무지개 가닥이어서 거미의 가슴을 더 울렁거리게 만들었다.
거미는 조심조심 몸을 떨며 다가갔다.
"너를 사랑해. 정말, 정말이야. 자, 손을 이리 줘. 부탁이야."
방울은 몸을 움츠리며 대꾸했다.
"천천히 가. 맹목적인 질주보다는 의미 있는 한 걸음 한 걸음이 더 중요해. 햇볕 아래서 갑자기 말리는 도자기보다 그늘과 햇볕으로 천천히 말리는 도자기가 더 튼튼하대."
거미는 은근히, 그리고 간절히 말했다.
"내가 지금 터뜨리지 않아도 누군가가 터뜨릴 텐데 뭘."
"아니야. 네가 보호해 주면 누군가도 보호해 주게 돼. 네가 곧 누군가인 거야."

거미는 열이 받았다.

"나도 그런 것쯤은 알아. 그러나 참을 수가 없는 걸 어떡해?"

"사랑은 참을 수 있는 거야. 그것이 곧 사랑의 가장 참다운 증거인 거야. 만일 능금나무에 꽃이 피었을 때 그 꽃을 꺾어 가진다면 능금은 영영 맛보지 못하게 될 것이야."

거미는 애원했다.

"잠깐만."

"관계에 있어선 잠깐만도 다인 거야."

"그럼 연습처럼 슬쩍만."

"이것은 연습이 없어. 슬쩍도 상처는 마찬가지야."

거미는 방울을 윽박질렀다.
"나를 진정으로 사랑한다면 너를 허락할 수도 있어야 해. 사랑은 아낌없이 줄 때 아름다운 거야."
그러자 방울이 울먹이면서 말했다.
"이제 나는 네가 날 사랑하지 않는다는 것을 알았어. 내가 지키려고 하는 것을 함께 보호해 주기는커녕 도리어 가져가려고 하는 것은 도적의 심보가 아니고 무엇이겠어? 사랑은 무례하지 않는 것이야."
그러나 거미는 솟구치는 불길을 잡지 못했다.
기어코 방울을 향하여 덤벼들고 말았다.
순,
간,
…….
그다음은 아무것도 없음이었다.
찬란하던 방울이 사라져 버린 빈자리에 바람만이 허허하게 흐르고 있을 뿐.
아…….

이 세상 길 가기

엄마 다람쥐가 아기 다람쥐를 데리고
잎이 지고 없는 참나무 숲으로 나왔다.
엄마 다람쥐가 아기 다람쥐에게 말했다.
"자, 선비의 걸음걸이를 흉내 내어 보아라."
아기 다람쥐는 어깨를 곧게 하고 가슴을
펴고 턱을 당기고 당당히 걸었다.

엄마 다람쥐는 아기 다람쥐에게 또 주문했다.
"맹렬히 달리는 호랑이 흉내를 내보아라."
아기 다람쥐는 옆도 뒤도 돌아보지 않고
씽씽 소리가 나게 달렸다.

다시 주문하려는 엄마 다람쥐에게 아기 다람쥐가 말했다.
"엄마, 저한테 술주정뱅이 흉내를 시켜 보아요.
아주 배꼽 빠지게 웃길 수 있어요."
엄마 다람쥐는 고개를 저었다.
"아니다. 독사를 흉내 내면 독사가 되는 법이다.
그런 나쁜 짓은 흉내라도 내어선 안 된다."
엄마 다람쥐는 아기 다람쥐에게 죽은 나무 위로 오르라고 했다.
아기 다람쥐가 조심조심 가지 끝에 올랐을 때였다.
나무 끝이 갑자기 뚝 소리를 내며 부러지는 것이 아닌가.
아기 다람쥐는 재빨리 옆 가지로 뛰어서 살아났다.

아기 다람쥐가 무사히 밑동 가까이 내려왔을 때였다.
가지가 부러졌을 때도 아무 말 없던 엄마 다람쥐가 소리 질렀다.
"조심해!"
그러나 아기 다람쥐는 이제 무슨 일이 있으랴 싶어 훌쩍 뛰어내렸다.
이때 아기 다람쥐는 땅에 발을 잘못 디뎌 발목을 삐고 말았다.
엄마 다람쥐는 아기 다람쥐를 업고 가면서 말했다.
"실수란 이젠 끝났다는 곳에서 많이 일어난다. 어려운 길에서보다도 쉬운 길에서 조심해라."

2··· 껍질로부터의 탈출

세 가지 질문
— 톨스토이 민화에서

왕이 있었다.
그는 가장 중요한 때가 언제인지, 그리고 가장 중요한 사람이 누구이며,
어떤 것이 가장 중요한 일인지를 알고 싶어 했다.
왕은 지혜가 많다고 소문난 도사를 찾아가 물어보기로 했다.
그 도사는 깊은 숲 속에서 자기의 거처를 한 번도 떠나지 않고
자기가 농사지은 만큼만 먹고사는 사람이었다.
왕은 도사의 암자로부터 멀리 떨어진 곳에서 말을 내렸다.
그리고 신하들을 돌려보내고 혼자 걸어갔다.

마침 도사는 텃밭에서 일을 하고 있었다.
왕은 물었다.
"도사님, 우리가 결코 후회하지 않게 꼭 지켜야 할 시간은 언제인가요?
그리고 어떤 사람을 멀리하고 어떤 사람을 가까이 해야 하며
어떤 일을 중요시해야 합니까?"
그러나 도사는 묵묵부답이었다. 그저 땅 파는 일을 계속할 뿐.
늙고 마른 도사가 일을 하는 것이 왕의 마음에 걸렸다.
"도사님은 너무 지쳤소. 삽을 이리 주시오."
왕이 도사 대신 땅을 파는 동안 해가 졌다.

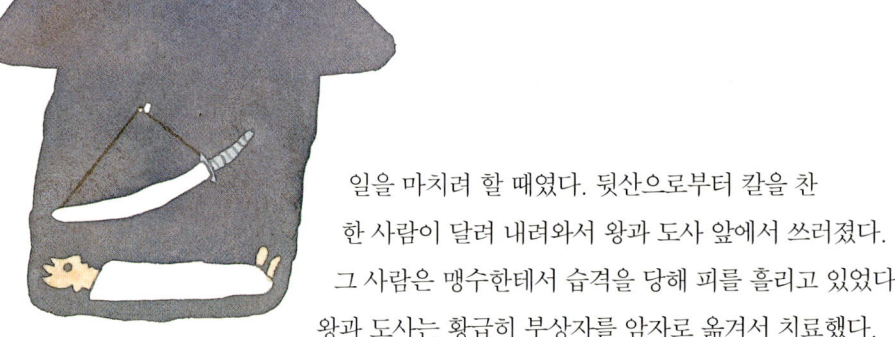

일을 마치려 할 때였다. 뒷산으로부터 칼을 찬
한 사람이 달려 내려와서 왕과 도사 앞에서 쓰러졌다.
그 사람은 맹수한테서 습격을 당해 피를 흘리고 있었다.
왕과 도사는 황급히 부상자를 암자로 옮겨서 치료했다.
이튿날 아침이었다. 몸이 회복된 사람이 왕 앞에 무릎을 꿇고 말했다.
"나는 임금님의 정치에 원한을 품고 임금을 죽이고자 뒤를 밟았던
자객이었습니다. 그런데 이렇게 극진한 간호를 받고 보니 나의 원한이
다 사라져 버렸습니다."

왕은 기쁜 마음으로 도사를 찾았다.
도사는 어제 파헤친 텃밭에서 씨앗을 뿌리고 있었다.
"도사님. 나는 당신 덕분에 나를 해치려 한 사람을 친구로 만들었소.
이제 간절히 바라는 것은 내가 말한 어제의 질문에 도사께서
답을 해주시는 것이오."

도사는 말했다.
"임금님께서는 이미 대답을 얻었습니다. 만일 어제 나를
동정하여 이 채마밭을 갈아 주지 않고 돌아갔더라면
자객의 칼을 받았을 것이니 그때가 중요한 때이지요.
그리고 맹수에 물린 그 사람을 도와 원한을
풀었으니 그 사람보다 중요한 사람이 어디 있으며
그 일보다 중요한 일이 어디 있겠습니까."
도사는 씨앗 뿌리는 손을 쉬지 않으며
계속해서 말했다.
"잘 기억하십시오. 가장 중요한 때란 한순간,
순간뿐입니다. 우리는 다만 그 순간만을
지배할 수 있기 때문입니다. 또 결코
없어서는 안 될 사람이란 그 순간에
만나는 사람이며 가장 중요한 일이란
그 순간에 만나는 그 사람을 도와주는 것입니다."

껍질로부터의 탈출

바다가 보이는 언덕에 콩밭이 있었다.
이 콩밭 고랑에서 달팽이들의 세미나가 열렸다.
주제는 '세계 속의 달팽이가 되려면'.
진화론을 연구한 학자 달팽이가 논문을 발표했다.
"저는 저기 저 바다에서 무수히 번성하는 오징어에 대해
연구하였습니다. 오징어들의 조상은 앵무조개라고 합니다.
앵무조개는 우리처럼 두꺼운 껍질을 보호막으로
삼고 살아가는 바닷조개입니다.

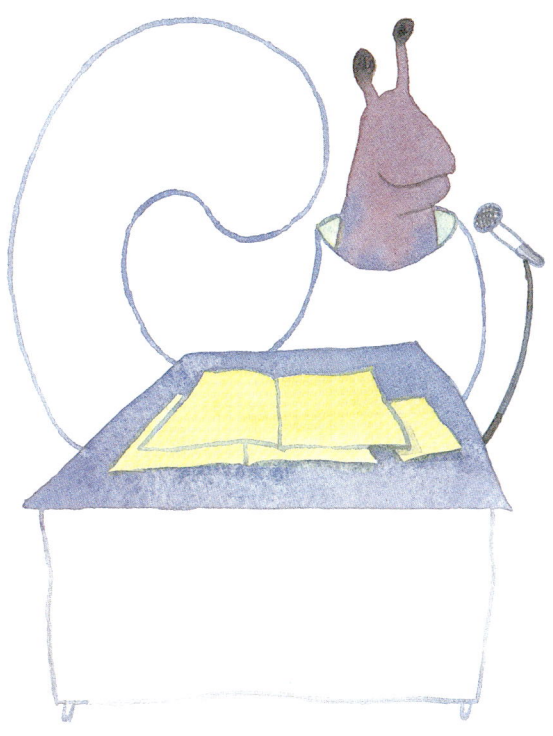

그런데 선구자 오징어가 깊이 생각하였다고 합니다.
껍질을 버리고 자유를 택할 것이냐, 아니면 자유를
버리고 계속 껍질을 고수할 것이냐고.
마침내 오징어의 조상은 보호막의 껍질로부터 탈출을
시도하였습니다. 자유, 자유를 가지기 위해서이죠.
두꺼운 껍질을 버리자 오징어의 다른 편이
발달되었습니다. 그늘 속에서만 열리던 눈이 활짝
열렸으며 촉수가 지극히 예민해졌습니다. 몸매 또한
유선형으로 다듬어지고요."

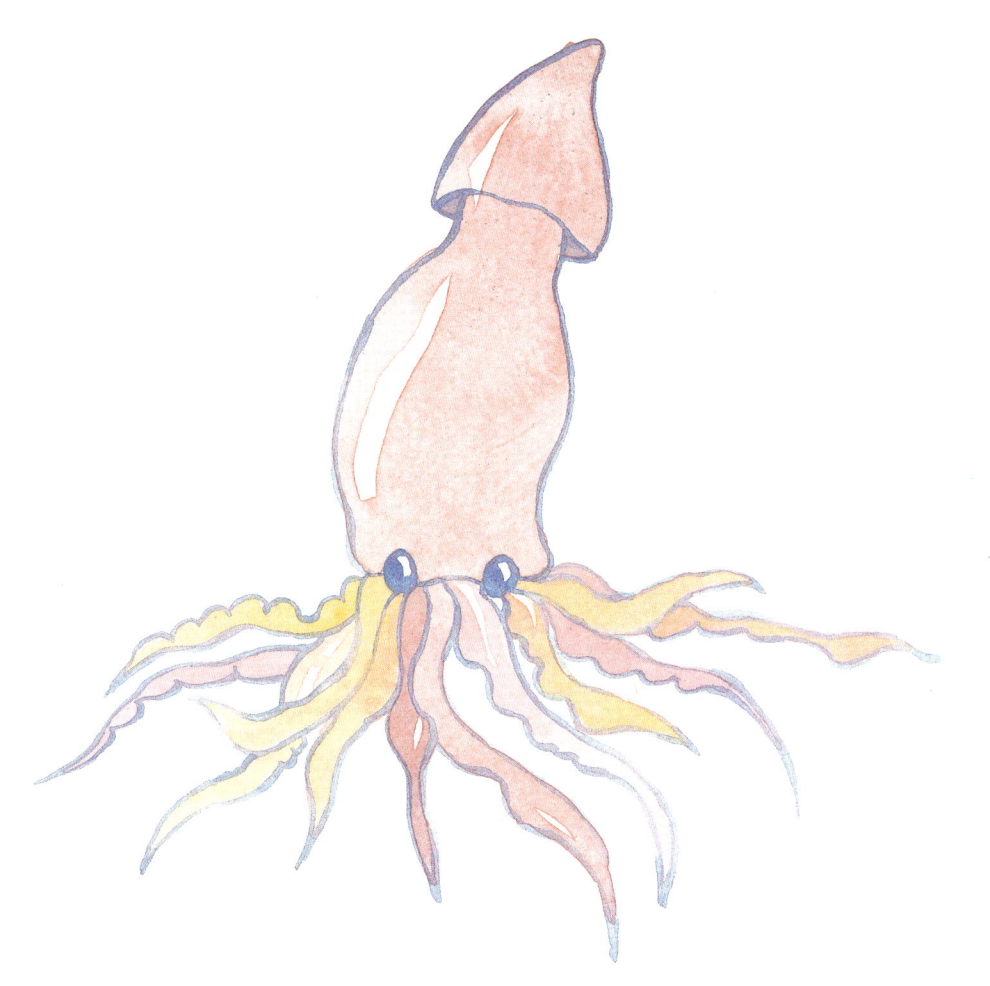

학자 달팽이는 이렇게 결론을 지었다.
"인간들을 보십시오. 무기의 껍질, 권력의 껍질, 금력의
껍질을 지닌 사람들보다도 맨몸으로 살아가는 사람들 편에서
역사는 발달하고 있지 않습니까."
달팽이들은 토론을 벌였다.
껍질을 버리느냐, 마느냐.
오늘도 달팽이들은 토론에 빠져서 지낸다.
그 토론 결과를 기다리느라고 다른 달팽이들조차도
아직 껍질을 벗지 못하고 있다.

오늘

'악성樂聖'으로 추앙받고서 마침내 눈을 감으려는 매미한테
젊은 귀뚜라미가 사정하였다.
"한 말씀만 남겨 주십시오."
매미가 가까스로 입을 열어 유언을 남겼다.
'악성' 매미가 남긴 말은 이렇다.
"오늘, 우리 주위에는 내일을 바라면서 오늘을 헤프게 사는 자들이 너무도 많다.
그러나 오늘이란 우리가 과거에 기다렸던 그 미래가 아닌가.
내일은 오늘 우리가 살고 있는 지금에 의하여 결정되는 것이다.

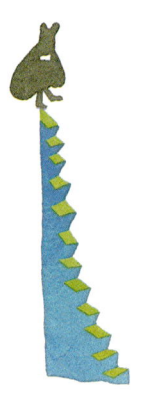

나는 어제도 내일도 없이 오늘 한눈팔지 않고 열심히 노래하였다.
오늘 하지 않으면 다시는 못 할 것처럼.
우리는 삶을 여행으로 알아야지 목적으로 삼아서는 안 된다.
우리의 행복은 그곳에서 좌우되는 것이 아니라 여기에서 결정되는 것이다.

내일이 아니라 오늘에!
만일
우리가 날마다 오늘을 알차게 산다면 우리가 바라는 것이 오늘 나타난다.
오로지 오늘에 매달려라. 오늘 치를 성공하지 않으면 안 된다."

어떤 유산

거지네에 왕초가 병에 걸려 임종을 앞두게 되었다.
왕초는 부하들을 불러 모았다.
왕초가 어렵게 입을 열었다.
"사랑하는 너희한테 나의 유산을 공평하게 분배해 줄 테니 유감없이 받아라."

벙거지는 평소 귀여워하던 똘마니한테 물려주었다.

심부름 잘 다닌 연락책한테는 깡통 밥그릇을 물려주었다.

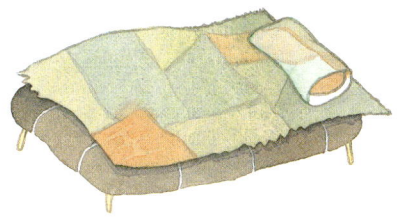

상납 성적이 좋은 내무반장한테는 거적을 물려주었다.

의리의 보디가드에게는 외투를 물려주었다.

모두들 유품을 받아 들고 좋아라며 떠나고 가장 사랑하는 따까리 혼자만 남았다.
왕초는 품속에서 문서를 꺼내 주었다.
그 문서에는 관내 유명 부자와 유지들의 집안사람들 생일과 제사 날짜가 죽 적혀 있었다.
그러나 감복할 줄 알았던 따까리의 얼굴이 뜻밖에도 일그러졌다.
따까리가 문서를 북북 찢으며 말했다.
"왕초님, 왜 저를 있는 집에서 자식한테 재산 물림 하는 식으로 대합니까? 이건 저를 사랑하는 것이 아니라 썩게 하는 짓입니다."

가면과 얼굴

평생 가면만을 만들면서 살아온 사람이 있었다.
그런데 새해에 들면서부터 이 사람이 가면을 통 팔려고 하지 않았다.
그리고 소문이 돌았다. 곧, 이 사람의 가면을 사서 쓰면 가면이 얼굴에
달라붙어서 본얼굴이 되어 버린다는 것이었다.
그러자 돈은 얼마든지 줄 테니 가면을 팔라고 조르는
사람들이 많이 생겼는데
다들 자기의 얼굴을 아름답게 고쳤으면 하고 바라는
사람들이었다.
이 소문은 드디어 임금님의 귀에까지 들어갔다.
호기심이 생긴 임금님은 가면 만드는 그 사람을 불러들이라고 명령했다.

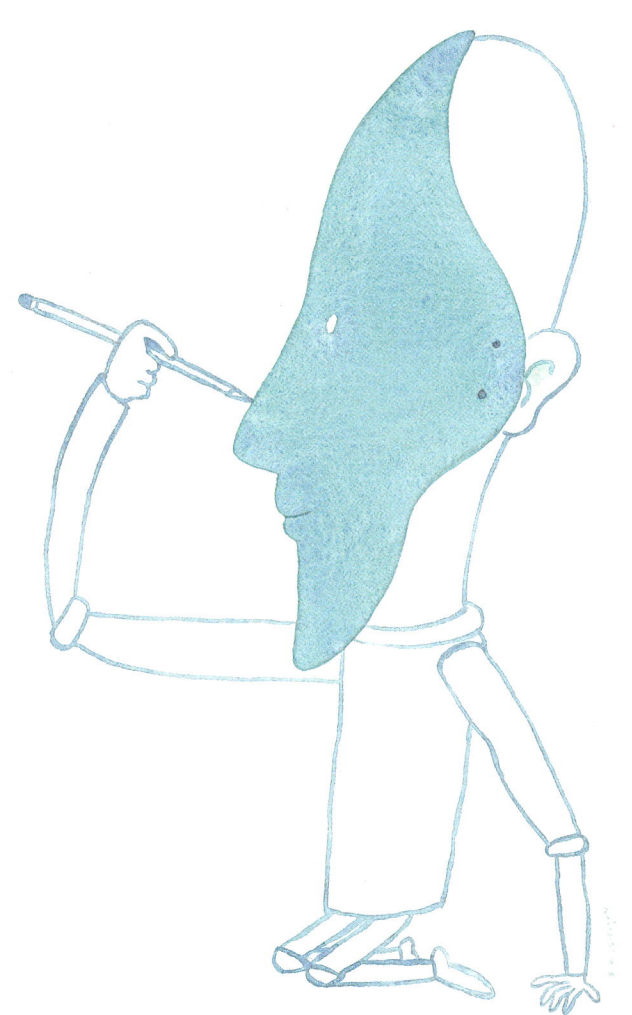

가면 만드는 사람이 궁궐로 들어오자 임금님이 물었다.
"네가 만드는 가면이 신기에 가깝다고 들었다. 어떻느냐? 나한테 너의 가면 하나를 줄 생각은 없느냐?"
가면 만드는 사람이 대꾸했다.
"이미 가면을 쓰고 계시면서 무얼 또 쓰시겠다는 말입니까?"
임금님이 크게 화를 냈다.
"뭐라고? 내가 가면을 썼다고?"

가면 만드는 사람이 말했다.
"임금님께서는 때때로 마음먹고 있는 것하고는 반대의 얼굴 표정을 하지 않습니까? 그것이 가면이 아니고 무엇입니까?"
임금님이 껄껄 웃으면서 대꾸했다.
"네 말도 옳다. 그런데 너는 그럼 사기꾼이지 않느냐?"

가면 만드는 사람이 말했다.
"아닙니다. 저는 가면을 사고자 오는 사람들한테 아름다운 가면을 쓰려면
좋은 마음을 3년 쓰고 난 후에 오라고 합니다. 그러면 얼굴이 그렇게 변하니까요.
후일, 저는 가면을 씌우는 듯한 흉내를 낸 다음에 이런 부탁을 하곤 합니다.
이 아름다운 가면이 흉하게 변할 수도 있으니 마음을 바르게 쓰고 살라구요."
임금님은 가면 만드는 사람에게 후하게 상을 주어 보냈다.

이 별

햇볕이 다둑다둑 재였다.
바람이 한들한들 머물렀다.
비가 황홀하게 내렸다.
마침내 감나무에 감꽃이 피었다.
감꽃은 푸른 하늘 아래 먼 데서
벌이 날아오는 소리를 듣는 것만으로도 행복하였다.

햇볕 다습고 바람 또한 맛있는 아침이었다.
감꽃은 청천벽력과도 같은 나무의 소리를 들었다.
"떠날 길을 준비하거라."
감꽃의 얼굴이 노오래졌다.
"제가 왜 떠나야 하는가요? 저는 떠나고 싶지 않습니다."

나무가 말했다.
"네가 왔기 때문이지. 오지 않았더라면 떠날 일도 없을 텐데
왔기 때문에 떠나야 하는 것이다."
"떠남은 고통스러운데요?"
"고통스러울 때 떠나는 것은 열매를 남긴다.
그러나 괴롭지 않을 때 떠나는 것은
온 값조차도 못하는 걸음이다."
바람이 지나가기를 기다렸다가 나무가 다시 말했다.
"그리고 오지 않은 것만도 못한 걸음도 있다."
"어떤 걸음인데요?"
"미움을 주고 떠나는 것이지."
감꽃이 송이째 뚝 떨어졌다.
감꽃이 진 자리에 아기 감이 들어서고 있었다.

혀 속의 칼

하느님이 인간을 빚을 때의 일이다.
하느님은 일을 거들고 있는 천사에게 일렀다.
"양쪽에 날이 선 비수와 독약과 사랑 약을 가져오너라."
천사가 그것들을 준비해 오자 하느님은 비수의 한 쪽 날에는 독약을 바르고 다른 한 쪽 날에는 사랑 약을 발랐다.
그러고는 그 비수의 형태를 없게 해서는 인간의 혀에 버무려 넣었다.
천사가 물었다.
"주인님, 왜 하필이면 그것을 혀에 넣으십니까?"

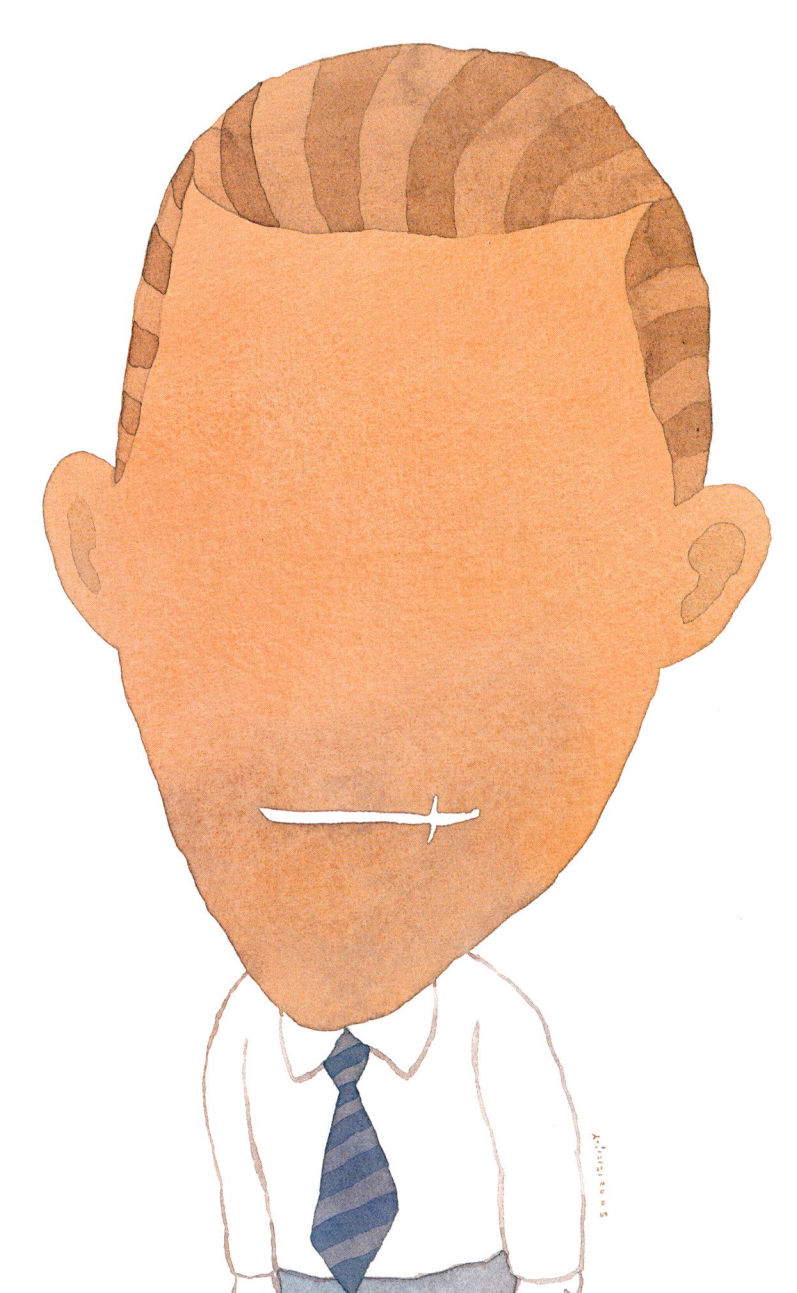

하느님이 대답했다.
"이들에게 가장 중요한 것이 여기에서 나가기 때문이다. 만일 독약이 묻은 칼이 나갈 때는 세 사람 이상에게 상처를 줄 것이다."
천사가 반문했다.
"그 최소한의 세 사람은 누구누구입니까?"
"바로 상대편이지. 또 전하는 사람도. 그리고 이들 못지않게 해를 입는 사람도 있는데 그것은 바로 자기 자신이지."

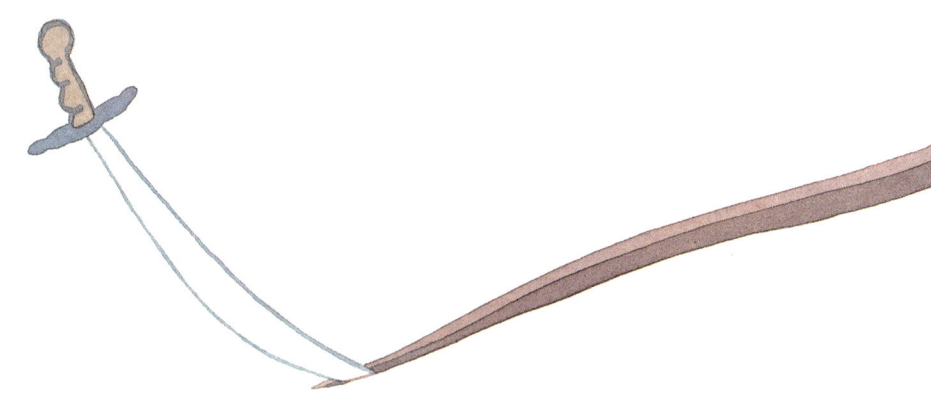

"그러나 사랑의 칼날이 나간다면 의사의 메스보다도 더 큰 치유를 하게 될 것이다.
또 고통을 줄여 주고 힘을 얻게 할 거야. 그리고 정작 상대방보다도 더 많은
수확이 자신에게 돌아오지."

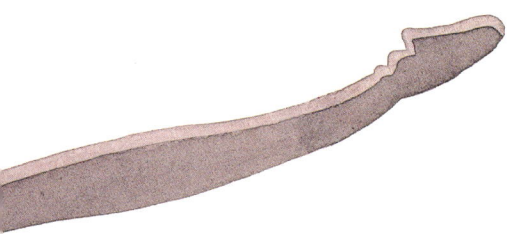

이 순간

시계만을 평생 만지며 살아온 시계방 주인이 있었다.
이 시계방 주인이 자기 아들한테 주기 위해 시계를 만들었다.
시계방 주인은 아들한테 줄 시계의 초침을 황금으로 빚었다.
그리고 분침은 은으로, 시침은 동으로 하는 게 아닌가.

곁에 있던 그의 아들이 물었다.
"아버지. 시침을 황금으로 하고, 분침을 은으로 하고, 그리고 초침을 동으로 빚어야 하지 않은가요?"
시계방 주인이 대답했다.
"아니다. 초침이 가는 것이야말로 황금의 길이다. 초를 허비하면 황금을 잃는 것이야."
시계방 주인은 계속해서 말했다.
"그리고 분침이 가는 것은 은이 가는 길이다. 분을 아끼는 사람은 그나마 은 정도는 모으게 돼."

"하지만 시침을 가지고 말하는 사람은 3등밖에 하지 못한다."
그의 아들이 대꾸했다.
"아니, 초가 모여서 분이 되고, 분이 모여서 시간이 되는데 어떻게 그렇게 등급이 나뉠 수 있지요?"
시계방 주인이 말했다.
"네가 말한 것은 시간의 공식일 뿐이다. 초를 아끼지 않는 사람한테 어떻게 분이 있을 수 있으며 시간이 있을 수 있겠느냐?
내가 말한 것은 시간 소비에 대한 등급이다."
    시계방 주인은 아들의 손목에 황금 초침 시계를 채워 주면서 말했다.
        "이 세상의 변화는 초침에 맞추어지고 있다는 것을 잊지 마라."

선택의 조건

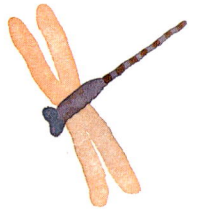

7월 어느 날.
아빠 제비와 아들 제비가 전깃줄에 나란히 앉아 있었다.
날아가는 잠자리를 보고 아들 제비가 물었다.
"아빠, 잡을까요?"
아빠 제비가 말했다.
"먼저 무엇 때문에 잡으려고 하는지 그것을 알고 싶구나."
아들 제비가 잠시 생각하고 나서 말했다.
"아빠 말씀을 듣고 보니 저는 무조건 보이기만 하면 잡으려고 했던 것 같네요.
이미 배가 불러 있는데도요."

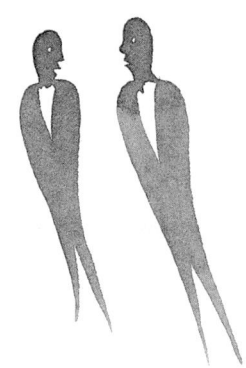

8월 어느 날.
이날 역시도 아빠 제비와 아들 제비가 전깃줄에 나란히 앉아 있었다.
우아하게 날고 있는 처녀 제비를 가리키며 아들 제비가 입을 열었다.
"아빠, 저 애와 짝 짓고 싶어요."
아빠 제비가 말했다.
"저 처녀와 함께함으로써 너희의 내일을 한 차원 높게 끌어올릴 수 있다면……. 그러나 도리어 서로 묶이게 되어 추락하는 선택도 있다는 것을 알아야 한다."

9월 어느 날.
몰라보게 커버린 아들 제비와 아빠 제비가 전깃줄에 나란히 앉아 있었다.
집 쪽을 바라보며 아들 제비가 물었다.
"아빠, 저 아까운 집을 버리고 정말 떠나야 하는가요?"
아빠 제비가 남쪽을 바라보며 말했다.
"때를 잊고 집착하다가 강남땅에 못 가 얼어 죽은 제비도 있다는 것을 알아야 한다."

이기는 사람과 지는 사람

― J. 하비스 말을 인용하여

이기는 사람은 '예'와 '아니요'를 분명히 말하나
지는 사람은 '예'와 '아니요'를 적당히 말한다.

이기는 사람은 넘어지면 일어나 앞을 보나
지는 사람은 넘어지면 뒤를 본다.

이기는 사람은 눈을 밟아 길을 만든다.
지는 사람은 눈이 녹기를 기다린다.

이기는 사람의 호주머니 속에는 꿈이 들어 있고
지는 사람의 호주머니 속에는 욕심이 들어 있다.

이기는 사람이 잘 쓰는 말은 '다시 한 번 해보자'이나
지는 사람이 자주 쓰는 말은 '해봐야 별 볼일 없다'이다.

이기는 사람은 걸어가며 계산한다.
지는 사람은 출발하기도 전에 계산부터 한다.

이기는 사람은 강자에게 강하고 약자에게는 약하나
지는 사람은 강자에게는 약하고 약자에게는 강하다.

이기는 사람은 행동으로 말을 증명한다.
지는 사람은 말로 행위를 변명한다.

이기는 사람은 인간을 섬기다 감투를 쓰나
지는 사람은 감투를 섬기다가 바가지를 쓴다.

3 ··· 참 지 혜

지혜 주머니

홀로 키운 아들을 장가들이면서 어머니가 비단 주머니 하나를 주었다.
"어미 생각이 나거든 열어 보려무나."
신혼 잠자리에서 일어난 아들은 문득 어머니 생각에 가슴이 저며 왔다.

그는 살며시 비단 주머니를 열어 보았다.
거기에는 하얀 종이학들이 여러 개 들어 있었다.
그는 한 마리의 종이학을 꺼내어 풀어 보았다. 그 종이에는 이런 말이 담겨 있었다.
"아들아, 네 아버지처럼 말을 아껴라. 같은 생각일 때는 '당신과 동감'이라고
하면 된다. 그리고 빙그레 웃음으로 만족과 또는 거부를 표시할 수도 있다는 것을
알기 바란다."

봄비 오는 날 저녁, 어머니가 그리워졌다.
그는 두 번째로 비단 주머니를 열었다.
가만히 종이학을 풀었다.
거기에서 이번에도 어머니의 말이 나왔다.
"아들아, 남의 말을 네가 말할 때보다도 더 마음을 기울여 들어라. 남의 말을 잘 듣는 것이 네 말을 잘한 것보다도 효과가 크기도 하다."

어느 날에는 아내한테 환멸이 생기기도 하였다.
그는 이날 역시 비단 주머니를 열고서 종이학을 꺼내어 풀어 보았다.
"아들아, 네 마음을 찾아가는 길은 어미한테로 오는 큰길이 아니다.
고요가 있는 오솔길로 걸어가면서 대화해 보려무나. 너의 너와,
또 네 아내와, 나뭇잎과 산새와 흰 구름과 함께."

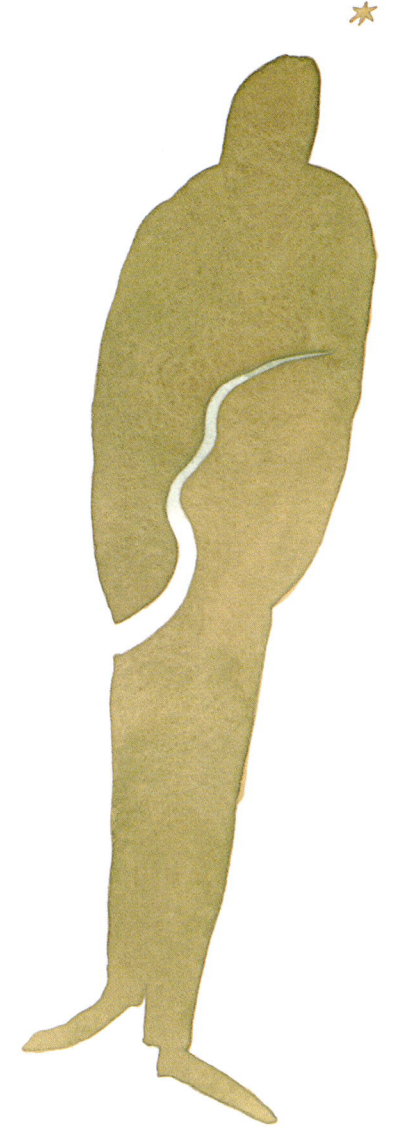

마침내 한바탕 부부 싸움이 일어났다.
그는 작은방으로 물러가서 비단 주머니를 열어 종이학을 꺼내었다.
거기에는 이런 글이 씌어 있었다.
"지금 막 하고 싶은 그 말 한마디를 참아라!"

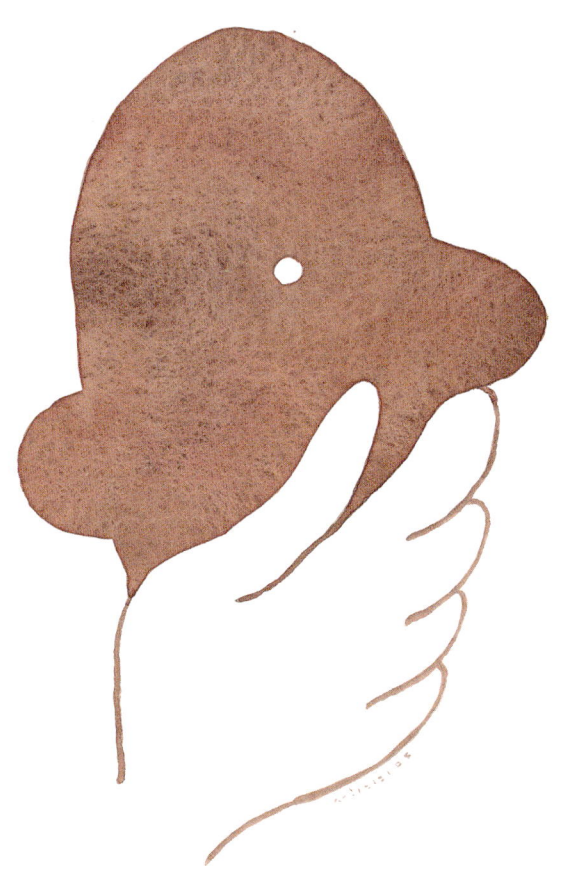

하늘에 닿은 노래

태초에 새들 세상에서 있었던 일이다.
어느 날, 쏙독새와 종달새가 노래 시합을 벌였다.
심판은 휘파람새가 맡았다.
먼저 쏙독새가 노래를 불렀다.
"쏙독독 쏙독독……."
노래를 마친 쏙독새에게 휘파람새가 말했다.
"아주 형편없네."
쏙독새의 입이 나왔다.
"내 노래가 어때서, 순 엉터리 같으니라구."

이때 까마귀가 끼어들었다.
"너만큼 노래를 잘하는 새도 드물어. 정말 황홀한 노래였다구."
쏙독새가 기분이 좋아져서 대꾸했다.
"내 실력을 알아주는 새는 너밖에 없다."

다음에는 종달새가 나와서 노래했다.
"종달달 종달달……."
노래를 마친 종달새에게 휘파람새가 말했다.
"아주 형편없네."
종달새가 고개를 푹 숙이고서 중얼거렸다.
"너무 잔인한 평이군. 그러나 연습이 부족했던 것도 사실이지."
이때 까마귀가 또 끼어들었다.
"너만큼 노래를 잘하는 새도 드물어. 정말 황홀한 목소리였다구."
그러나 종달새는 고개를 저었다.
"나는 기분이 나쁘더라도 혹평을 따르지, 기분 좋게 하는 찬사는 따르지 않아."

후일 쏙독새의 노래 실력은 '쏙독'으로 멈추고 말았다.
그러나 종달새의 노래 실력은 '종달달 종달달' 올라가서
하늘에까지 메아리쳤다.

참 지혜

신으로부터 '소원 세 가지를 들어주겠다'는 언질을 받은 사람이 있었다.
그는 당장 첫 소원을 말했다.
"저를 미인들로부터 사랑받는 사람이 되게 하소서."
그날부터 그의 앞에는 아름다운 여자들이 헤아릴 수 없이 나타났다.
그를 보기만 하면 사랑하지 않곤 배겨 내지 못하는 미인들.

그들은 넋을 놓고 그를 따라다녔다.
그런데도 그는 행복을 느끼지 못했다. 오히려 미인들로부터 시달림을 받아
날로 파김치처럼 후줄근해져 갔다.

견디다 못한 그는 신께 두 번째 청을 넣고 말았다.
"저들로부터 나를 구하소서. 나는 저들의 사랑 공세에 지쳤나이다."
그의 주위는 다시 조용해졌다.
이제 그에게 소원을 풀 기회란 딱 한 번밖에 없었다. 그는 무엇을 원할 것인가를 곰곰이 생각해 보았다.
사람을 마구 부릴 수 있는 높은 자리를 달라고 할 것인가, 돈을 많이 벌게 해달라고 할 것인가, 오래오래 살게 해달라고 할 것인가.
그 외에도 많고 많은 소원이 그의 머릿속을 어지럽혔다.
이것을 청하자니 저것을 놓치기 싫고, 저것을 청하자니 이것을 놓치기 싫고……
그는 이 일로 신경 쇠약이 되었다.

그는 마침내 한 가지 남은 것을, 신의 답을 구하는 것으로 쓰고 말았다.
"부디 제가 무엇을 청했어야 했는지 그것을 가르쳐 주소서."
신은 말했다.
"내가 너라면 첫째는 사랑받는 것보다는 사랑하는 능력을 크게 해달라고 했을 것이다. 그리고 두 번째는 솔로몬처럼 귀담아 듣는 지혜를 달라고 했을 것이고 셋째로는 세상을 살아가면서 그때그때에 충실할 수 있게 해달라고 했을 것이다."
"주여, 우둔한 저에게는 그러나 이제 기회가 없나이다."
"아니다. 이제라도 늦지 않았다. 이 세 가지의 씨앗은 내가 진즉 너의 마음속에다가 깊이 심어 놓았었다. 그러니 네가 노력하기에 따라 풍성한 수확을 거둘 수도 있고 거둘 수 없기도 할 것이다."

두 손님

아담한 집이 있었다.
이 집에 어느 날 손님이 찾아왔다.
입〔口〕이었다.
입 손님은 떠들고, 먹고, 하품을 해대었다.
점차 이 집에는 문에 구멍이 나서 찬바람이 숭숭 드나들고
뜰에는 잡초만 무성하게 되었다.

어느 날, 이 집에는 또 한 손님이 찾아왔다.

손(手)이었다.

새 손님한테는 감미로운 소리는 없었으나 한시도 쉬지 않고 움직이는 근면이 있었다.

문구멍을 막았고 잡초를 뽑았다.

텃밭을 일구고 과목을 심었다.

회색이 되었던 집은 차차 푸른 집으로 바뀌었다.

이 집은 바로 당신이다.
지금 열리고 있는 그 입을 닫고 손을 바삐 움직여라.
그게 푸른 삶의 비결이다.

줄이기와 늘이기
— 라즈니쉬 우화에서

인도의 아크발 왕 때에 베발이라는 현자가 있었다.
어느 날 왕이 신하들 앞에서 벽에다 선을 하나 쓱 그었다.
그러고는 신하들에게 말하였다.
"잘 들어라. 지금부터 그대들은 내가 이 벽에 그어 놓은 줄을 짧게 만들어 보아라. 단 이 줄에 절대 손을 대서는 안 된다."

신하들은 모두 어리둥절하였다.
손을 대기만 한다면야 조금 지운다든지 해서 짧게 할 수 있겠는데
이건 정말 난공불락이었다.
이때 베발이 일어나 나가더니 왕이 그어 놓은 선 바로 밑에 선을 하나 더 그었다.
왕의 것보다 더 길게.

당신의 선은 무엇인가.
상대의 선을 짧게 할 수는 없다. 당신이 가지고 있는 능력을 크게 하였을 때만이 상대를 이길 수 있는 것이다.

사향주머니

아들 사향노루가 못된 고라니하고 어울린다는 소문이 산에 쫙 퍼졌다.
엄마 사향노루가 아들을 불렀다.
"너하고 고라니가 연애한다는 소문이 자자하다. 사실이냐?"
"네, 엄마."
"그 고라니가 천하의 망종이란 사실도 알고 있니?"
"네, 엄마. 그것은 얼마 전 뒷발로 한 번 차이고서야 알았어요."
"그러면 한시바삐 헤어져야 할 게 아니냐?"
"저도 그렇게 생각해요. 그런데 고라니가 나한테 없어서는 안 될 소중한 것을 위자료로 요구하고 있으니 어쩔 수가 없어요."

"그것이 무엇이냐?"
"사향주머니예요, 엄마."
엄마 사향노루는 지그시 눈을 감았다.
그들에게 있어서 목숨 다음으로 소중한 것이 사향주머니가 아닌가.
엄마 사향노루가 눈을 번쩍 뜨고서 단호히 말했다.
"좋다. 네 사향주머니를 주고 헤어져라."
아들 사향노루가 깜짝 놀라며 대꾸했다.
"사향주머니를 주고 나면 나는 사향노루가 아니라 보통 노루일 뿐이에요, 엄마."
"사향주머니를 지니고 망친 삶을 사느니보다는 사향주머니 없는
보통 노루로서라도 남은 생 동안 삶다운 삶을 사는 것이 중요하다."
박달나무 가지에 앉아서 이들의 대화를 듣고 있던 산까치가
훨훨 날아오르면서 말했다.
"사향노루네가 사람들보다 나은 결론을 내리는군그래."

사소한 것이 소중하다

싱싱하게 새해 아침이 밝았다.
아랫강에 사는 자라는 얼음물로 세수를 하고 거북이한테 세배를 갔다.
거북이는 바닷가 모래밭에서 자라의 세배를 받았다.
거북이가 덕담을 하였다.
"올해는 사소한 것을 중히 여기고 살게나."

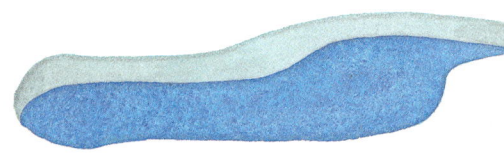

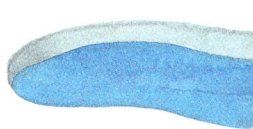

자라가 반문하였다.
"사소한 것은 작은 것 아닙니까? 큰 것을 중히 여겨야 하지 않나요?"
거북이가 고개를 저었다.
"아닐세. 내가 오래 살면서 보니 정작 중요한 것은 사소한 것이었네. 사소한 일을 잘 챙기는 것이 잘 사는 길이야."

자라가 이해를 하지 못하자 거북이가 설명하였다.
"누구를 보거든 그가 사소한 것을 어떻게 처리하는지를 보면 금방 알게 되네. 사소한 일에 분명하면 큰일에도 분명하네. 사소한 일에 부실한 쪽이 큰일에도 부실하다네."
자라가 물었다.
"그럼 우리 일상생활에서 중히 여겨야 할 사소한 일은 어떤 것입니까?"

거북이가 대답하였다.
"평범한 생활을 즐기는 것, 곧 작은 기쁨을 알아봄이지.
느낌표가 그치지 않아야 해.
다슬기의 감칠맛, 상쾌한 해바라기, 기막힌 노을,
총총한 별빛……."
자라는 일어나서 거북이한테 넙죽 절하였다.
"어른의 장수 비결을 이제야 알았습니다.
느리고 찬찬함의 가치를 깨닫는 지혜이군요."

자라는 금고

추장한테는 세 아들이 있었다.
그런데 세 아들 다 용맹스러웠고 영특하였다. 누구한테 추장 자리를 물려줄까
궁리하던 끝에 시험을 치르기로 하였다.
추장은 세 아들을 불렀다. 그러고는 담배씨 한 줌씩을 나눠 주며 말하였다.
"이 담배씨를 잘 관리하여라. 1년 후에 내가 보자 할 테니 그때 틀림없이
내놓아야 한다."
첫째는 담배씨를 가죽 주머니 속에 넣어서 누구의 손도 닿지 못할
천장에 매달아 놓았다.

둘째는 장에 나가 담배씨를 팔아 돈으로 보관하였다.
셋째는 담배씨를 손바닥 위에 올려놓고 이 궁리 저 궁리에 골몰하고 있었다.
1년이 지났다.
추장은 약속대로 세 아들을 불러 맡겨 놓은 담배씨를 보자고 했다.
첫째는 가죽 주머니 속에 넣어 보관한 담배씨를 그대로 내놓았다.
둘째는 그때 담배씨 판 돈을 가지고 장으로 나가, 맡긴 담배씨보다도 조금 더 많은 담배씨를 사왔다.

셋째는 아버지께 잠시 따라와 달라고 했다. 추장이 따라 나가 본 밭에는
담뱃잎이 한창 너울너울거리고 있었다.
셋째가 담배 밭을 가리키며 말했다.
"아버지께서 주신 담배씨가 여기 이렇게 있습니다. 이제 담배를
수확하고 나서 씨가 여물면 그때 돌려 드리겠습니다."

사슬

매들이 사는 마을이 있다.
여름이 오자 그들은 한 건씩 올릴 소득에 대해 안달이 나 있다.
헌팅 도사라는 늙은 매가 사냥 떠나는 젊은 매들한테 특강을 하였다.
"호랑이가 토끼를 잡을 때도 전력을 다한다.
상대가 포착되면 너희 몸과 너희 마음의 잔신경 하나까지 모두어
기도하듯 접근하라.
명포수는 거리를 좁힐 수 있는 데까지 좁혀 들지, 성급히 방아쇠를
당기지 않는다.
어설픈 거리에서 너희 발톱을 보이지 않도록 조심하라.

대개 산에 오는 까투리는 겁이 많고 바다에 오는 오리는 감상에 약하다.
까투리한테는 아무것도 모르는 숙맥인 척, 고상한 척 대할 일이다.
그리고 오리한테는 매너 있게, 그러면서 한편으로는 앞 단추 한 개 정도는
풀어놓는 야성미를 보일 것이며, 처음에는 무심히 슬쩍슬쩍 스치면서
작은 것에도 아! 하고 큰 느낌표를 쓰면서 다가가라."

산으로 가고자 하는 매는 꿩의 탈을 쓰고
바다로 가고자 하는 매는 오리의 탈을 쓰고
제각각 아침에 길을 떠났다.

─ 당신 곁의,
지금 숙맥 같거나 매력 있는 그 친구는
혹시 발톱을 감추고 있는 매가 아닌지,
다시 한 번 살펴볼 일이다.

하나라도 있으면

공작네가 외동딸을 고이 길러 분가시켰다.
그런데 그 외동딸 공작이 분가한 지
한 달도 못 되어 초췌한 모습으로 돌아왔다.
"어머니, 다른 새들한테 따돌림을 받아서
살 수가 없어요."
어미 공작은 알겠다는 듯
고개를 끄덕였다.
"네가 겸손치 못해 그렇다.
넌 네 꽁지를 아무 데서나 자랑했었지?"
외동딸 공작이 반문했다.
"우리한테 있는 것이잖아요. 있는 것도 자랑하면
죄가 되는가요?"

"내가 언젠가 인간들의 선생님 말을 엿들은 적이 있지. 그분은 이렇게
한 사람한테 일러 주더구나."
"자네의 대화에서 그 자동차 얘기를 좀 빼게나. 영국 골퍼들 사이에
젠틀맨 골퍼 상식이란 게 있지. 그것은 골프를 치지 않는 사람이 하나라도
있을 때는 절대 골프를 대화에 올리지 않는다는 것이야."
외동딸 공작은 다시 무리들한테로 날아갔다.
이번에는 돌아오지 않았다.

4··· 마음 한가운데

첫 마음

1월 1일 아침에 찬물로 세수하면서 먹은 첫 마음으로 1년을 산다면.
학교에 입학하여 새 책을 앞에 놓고 하루 일과표를 짜던
영롱한 첫 마음으로 공부를 한다면.
사랑하는 사이가, 처음 눈을 맞춘 날의 떨림으로 내내 계속된다면.
첫 출근하는 날, 신발 끈을 매면서 먹은 마음으로 일을 한다면.

아팠다가 병이 나은 날의, 상쾌한 공기 속의 감사한 마음으로 몸을 돌본다면.
개업 날의 첫 마음으로 돈이 적으나 밤이 늦으나 손님을 언제고
기쁨으로 맞는다면.

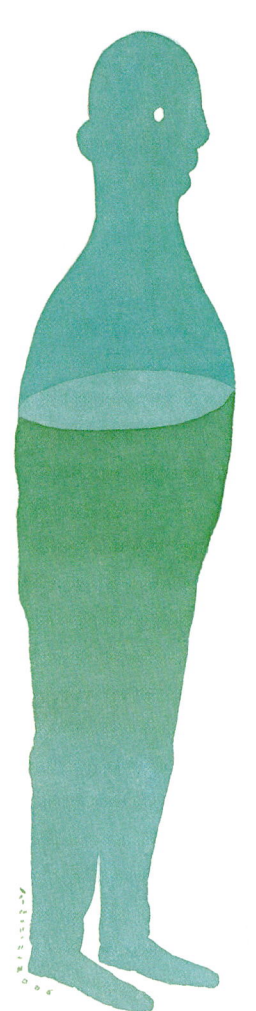

세례 성사를 받던 날의 빈 마음으로 눈물을 글썽이며 교회에 다닌다면.
나는 너, 너는 나라며 화해하던 그날의 일치가 가시지 않는다면.
여행을 떠나는 날, 차표를 끊던 가슴 뜀이 식지 않는다면.

이 사람은, 그때가 언제이든지 늘 새 마음이기 때문에

바다로 향하는 냇물처럼 날마다가 새로우며, 깊어지며, 넓어진다.

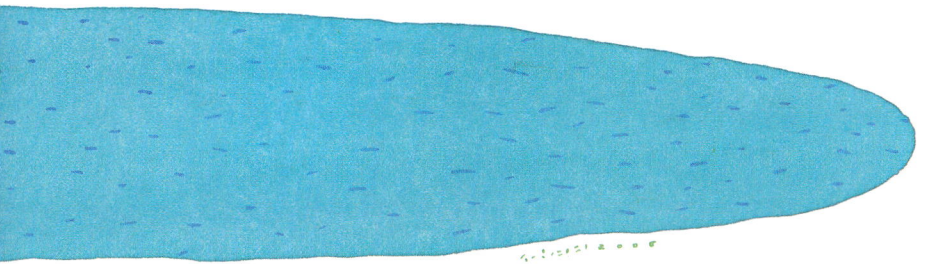

마음 한가운데

목동이 있었다.
목동은 가슴앓이병을 지니고 있었다.
더 많은 양이 있는 남의 우리를 보면 가슴이 답답했다.
아름다운 아가씨가 곁을 지나면 가슴이 동동거렸다.
주인으로 올라가는 친구를 보면 가슴이 저몄다.
목동은 의원을 찾아갔다.
의원이 일러 준 대로 약을 써보았지만 효과가 없었다.
다른 의원을 찾아가 보았지만 결과는 마찬가지였다.

어느 날이었다.
목동은 우연히 한 나그네를
만났다.
 샘이 어디에 있느냐고 묻는
그에게 양젖을 한 사발
적선하자 청하지도 않은
말을 들려 주었다.

"성聖 아기를 맞으시오. 그리하면 당신 원이 풀리리라."
목동이 물었다.
"언제입니까? 그리고 어디입니까?"
"하늘에 영광이 가득할 때, 평화의 구유에서."
목동은 추운 밤, 어두운 들녘에서 성 아기를 기다렸다.
양을 지키면서 간절히 기도했다.
'이 사람으로 하여금 성 아기를 맞게 하소서. 시든 풀잎에도 새 희망을 주시는 주님.
솔가지 같은 내 마음을 흰 눈으로 덮어 주소서.'

그날 밤에는 별이 유난히도 반짝이었다.
마른 풀잎이 기우는 소리도 들릴 만큼 세상 또한 고요하였다.
그때였다. 별 하나가 남쪽으로 흘렀다.
'그렇다. 저 별이다!'
목동은 별을 좇아 걸었다.

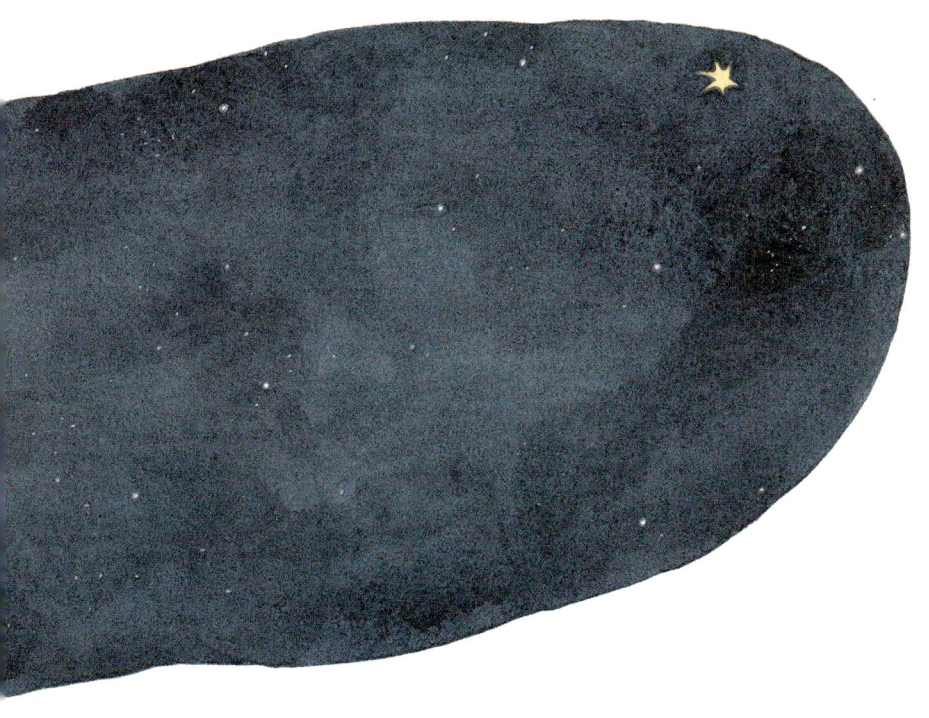

재를 넘는 목동의 발부리에 사람이 차였다.
기갈이 들어 쓰러진 나그네였다.
"나를 좀 도와주시오."
나그네가 애원하였다.
"아니요. 나는 지체할 수가 없소.
어서 저 성 아기가 탄생하는 곳으로 가야 하오."

"당신이 그냥 떠나면 나는 죽소.
나를 죽게 내버릴 것이오?"
목동은 생각했다.
성 아기를 보러 가면 양을 얻을지도, 여자를 얻을지도,
지위를 얻을지도 모르는 일.
그러나 목동은 발을 멈추었다.
외투를 벗어서 나그네의 몸을 싸고,
옆구리에 찬 통을 꺼내어서 우유를 따랐다.

우유를 받아 마시는 나그네가 은은하게 빛을 내더니 천사로 변하였다.
목동은 무릎을 꿇었다.
"사랑하는 목동아, 일어나 성 아기를 맞으라."
"성 아기가 어디에 있습니까?"
"네 마음 한가운데 지금 태어나고 있지 않느냐."
순간, 목동의 가슴앓이는 씻은 듯이 나았다.
마음 저 안쪽에 먼 하늘의 별처럼 성 아기가 보이기 시작하였다.
"천 리 먼 곳에서 백 번 천 번, 성 아기가 태어나면 무엇 하느냐.
한 번이라도 네 깨끗한 마음을
구유로 청하여 태어난 성 아기가 소중한 것이다."

쉽고도 어려운 것

성공 연구소에서는 성공한 사람들의 쉽고도 어려운 것을 인터뷰해 발표하였다.
"편히 쉬고 싶을 때일수록 귀찮은 일이 생기더군요. 그럴 때일수록 사소한 일에 더욱더 친절히 대했지요. 별것 아닌 것 같지만 어려운 일이에요."
"얼굴을 찌푸리고 싶을 때 미소를 짓는 것이에요."

"그리고 통명하게 쏘아 주고 싶을 때 부드러운 말을 쓰는 것도 쉬운 것 같지만 어렵구요."
"아랫사람에게 잘못된 것을 인정하고 사과하기가 쉬운 것 같지만 어렵더군요."
"그리고 정당한 비난을 감수하고 섭섭함을 마음에 간직하지 않는 것도."

"어떤 일에 기여하고도 제대로 대우받지 못하거나 그냥 지나가 버릴 때 눈을 감는 거예요."
"그리고 평상시와는 달리 아는 척도 하지 않는 사람이 생겼을 때도 눈을 감는 것이고요."
"자신의 입을 자신이 다스리는 것이죠. 이보다 쉽고도 어려운 일은 드물걸요."

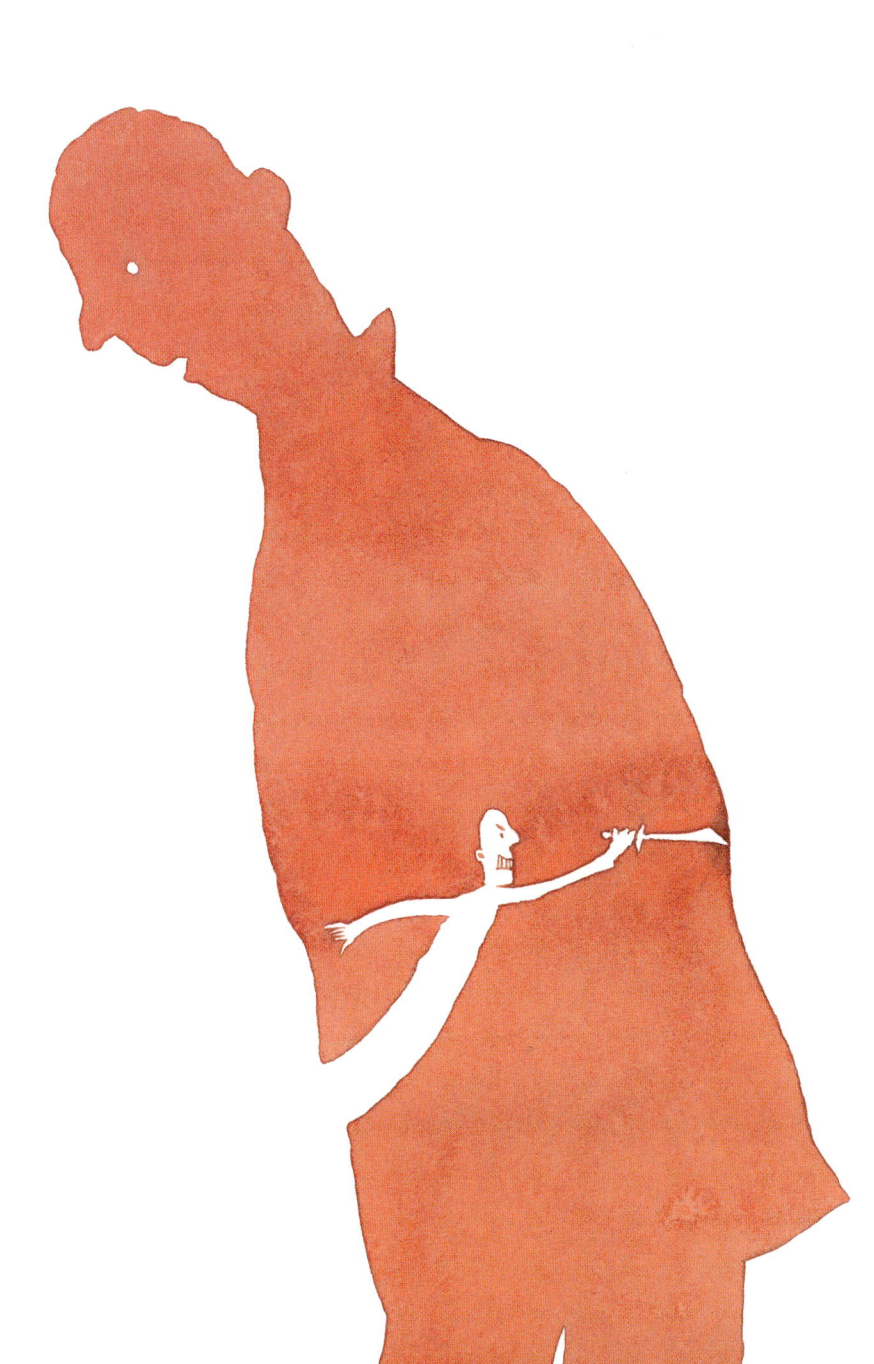

빛과 그늘

사람들은 자기들이 거울을 본다고 하겠지만
그것은 사람의 생각일 뿐,
거울 쪽에서는 거울이 사람을 보고 있다.
거울은 별별 희한한 사람들을 다 본다.

얼굴을 거울 속에 들여놓고서 갖가지 칠로
꾸미는 사람들.
때로는 한 시간도 부족한 여자가 있다.
어떤 사람은 머리를 들이밀고서
흰 머리카락을 뽑는가 하면
콧구멍을 들추고
코털을 뽑는 사람도 있다.

살짝 윙크하는 연습을
하는가 하면
뾰로통한 표정을
연습하기도 한다.
나(거울)는 말한다.
걱정하는 사람은 이마에
주름살이 세로로 새겨진다.

원한은 눈초리에
살기를 집어넣어 봉합하며
불만은 얼굴에 그늘을 한 꺼풀씩 입힌다.
기쁨도 얼굴에 자국을 남긴다.
미소가 뚝뚝 듣는 사람은
그 얼굴이 도리어 나(거울)를 빛나게 해준다.

얼굴에 빛살이 퍼나게 할 것인가,
골이 패게 할 것인가는
당신의 마음 씀이지
내(거울) 책임이 아니다.

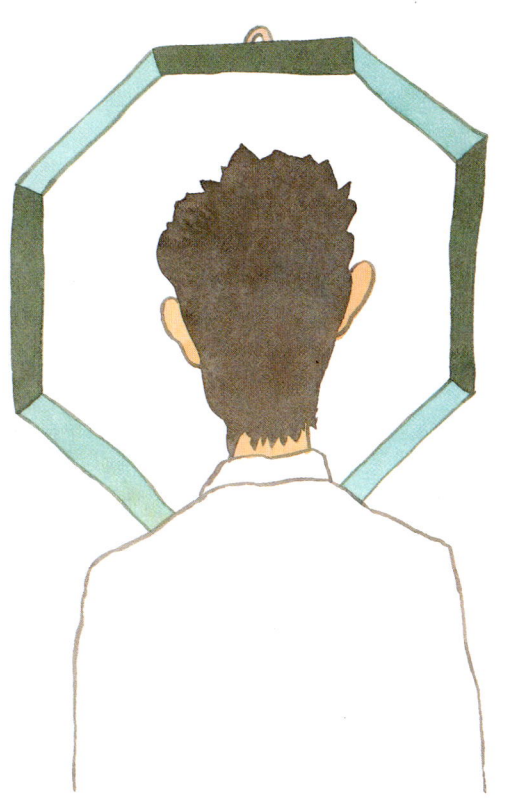

잠 못 드는 이를 위하여

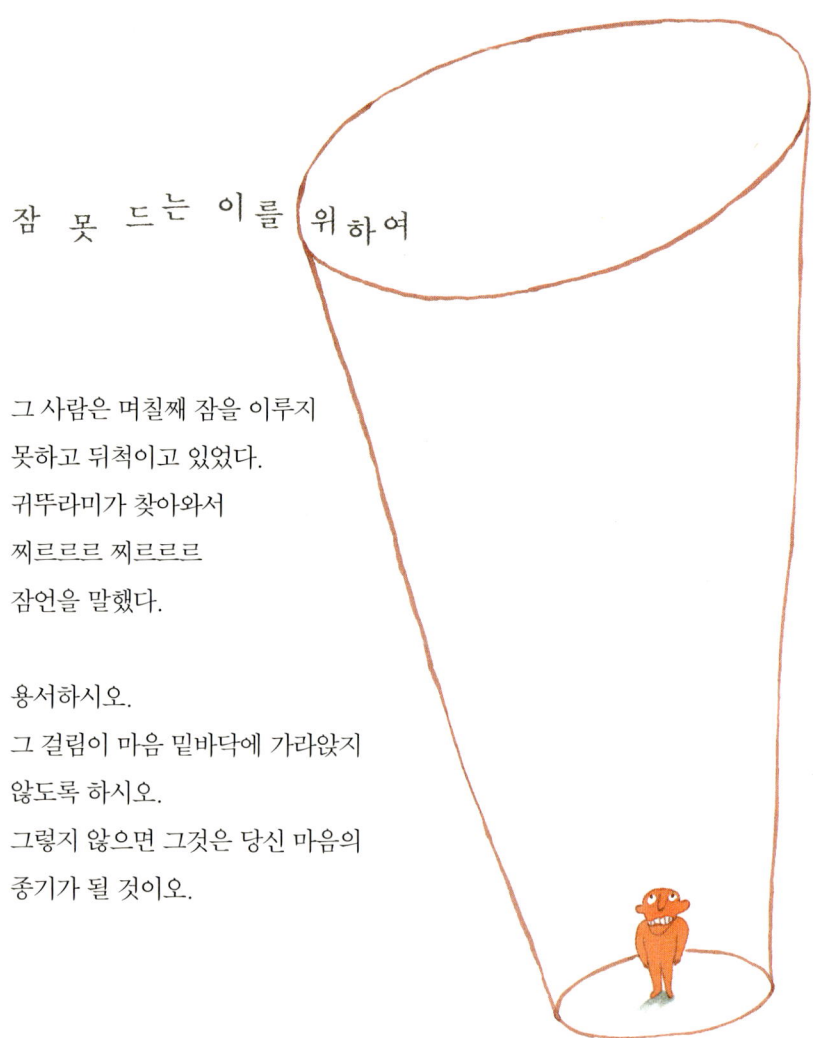

그 사람은 며칠째 잠을 이루지
못하고 뒤척이고 있었다.
귀뚜라미가 찾아와서
찌르르르 찌르르르
잠언을 말했다.

용서하시오.
그 걸림이 마음 밑바닥에 가라앉지
않도록 하시오.
그렇지 않으면 그것은 당신 마음의
종기가 될 것이오.

잊으시오.
그가 마음 밑바닥에 가라앉아 잠재의식이
되지 않도록 하시오.
그렇지 않으면 그는 때때로 당신
마음을 난도질할 것이오.

걱정 마시오.
걱정으로 해결되는 일은 없는 것이오.
오늘의 수고는 이미 마쳤소.
나머지는 내일 일이오.

쉬시오.
마음에 짐을 잔뜩 짊어지고 자는 사람은 내일이 어두울 것이오.
새털같이 가벼운 마음으로 잠들면 기쁜 아침을 맞게 되리니…….

그 사람은 잠 속으로 깊이 푹 빠져 들어갔다.
귀뚜라미는 잠들지 못한 다른 사람을
찾아 떠났다.

거기 누가 있는가

연못이 있었다.
    그리고 그 연못의 동쪽 귀퉁이에는 물망초가 살고 있다.
동쪽 귀퉁이에 사는 물망초는 불만이 많았다.
허구한 날 물에다 뿌리를 내리고 살아야 하는
자신의 신세를 한탄하였다.
물방개가 스쳐 가는 것에도 신경질을 부렸으며
  심지어 산 그리메가 지나가는 것에까지도
    역정을 내곤 하였다.

그러나 서쪽 귀퉁이에 사는
수련은 즐거움이 많았다.
물에서 살게 되는 청결함에
감사하였다.
어쩌다 물잠자리가 잠시 들러도 반겨 맞이하곤 하였다.
때론 흰 구름 깃이 물속으로 스며드는 것에도 환희로워하였다.

얼마쯤 지났다.
물망초가 사는 연못의 동쪽 귀퉁이에는
찾아오는 이 하나 없이 물파래만 가득 끼었다.
물망초는 꽃은커녕 제자리조차도 물파래한테 빼앗기며 죽어 가고 있었다.

오직 연못의 서쪽 귀퉁이에 사는 수련만이 번성하고 있었다.
파란 물 위에 꽃을 피워 띄웠으며 새순을 얻었다.
그러자 지나가는 나비조차도 쉬어 갔고 노을까지도 적셔 들었다.

당신은 당신이 지금 있는 바로 그 자리의 주인이다.
당신 자리가 물망초처럼 되느냐,
수련처럼 되느냐는 당신 하기에 달려 있다.

길

부부 싸움이 잦기로 소문난 집이 있었다.
부부가 다투고 다투다 보니 어느덧 얼굴에 주름이 골을 내었고,
눈빛에는 늘 서리가 가실 날이 없었다.
갈라서든지, 함께 살든지, 이대로는 안 되겠다 싶어 이들 부부는
화목하기로 소문난 친구네를 찾아갔다.
그 집도 처지는 불목이네와 비슷하였다.
말이 잘 통하지 않는 답답한 노인이 있었고, 아이들이 개구쟁이인 것도
마찬가지였다.

불목이네의 사정을 들은 화목이네 남편이 빙그레 웃으며 말했다.
"가슴속에 먼저 따뜻한 미소를 지니게."
불목이네 남편이 말했다.
"미소 띨 일이 없는데 어떻게 미소를 띤단 말인가?"
화목이네 남편이 대답했다.
"기뻐야 웃을 수 있겠지. 그러나 우리는 먼저 웃으니까 기뻐지던걸."

불목이네 부인이 말했다.
"아무리 속이 좋다 하지만 때로는 화날 일도 있지 않던가요?"
화목이네 부인이 대답했다.
"있지요. 그러나 소리를 죽여 봐요. 그러면 이내 녹아 버립니다. 우리는 성나니까 큰소리를 치는 것이 아니라 큰소리를 치다 보니 성이 날 경우가 있다는 것을 알아요."
불목이네 남편이 말했다.
"의심이 자꾸 들어 견딜 수가 없단 말이야."
화목이네 남편이 말했다.
"의심을 먼저 하니까 의심스러워지는 거 아닌가? 의심스럽지 않은 것도 의심하면 이상해 보이기 마련이거든."

불목이네 부인이 말했다.
"안 좋은 일만 계속 생겨서 견딜 수가 없어요."
화목이네 부인이 말했다.
"혹시 우울해 있으니까 사건이 찾아 달려오는 것이 아닐까요?"
화목이네가 불목이네를 배웅하며 말했다.
"모든 것은 길에 있다고 생각하네. 이쪽에 불만이나 분노가 있으면 저쪽에서 몰려오는 것 또한 불만이나 분노가 아니겠나.
그들에게 길을 내게 해선 안 되지."

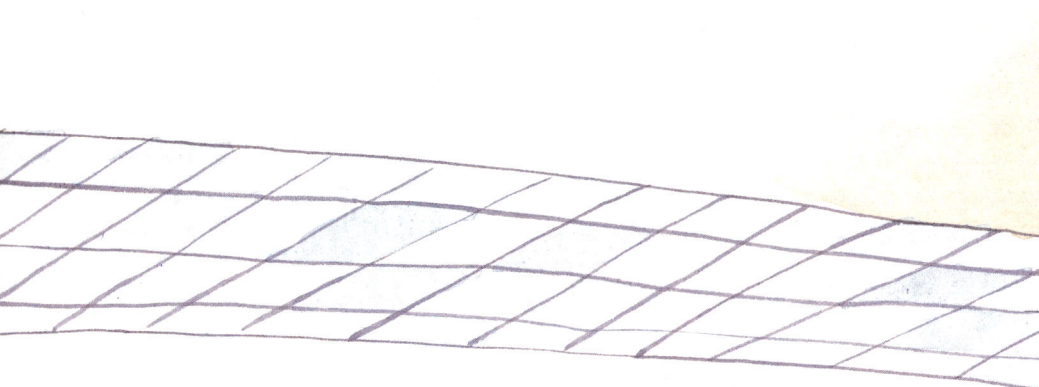

두 얼굴

한 다리를 저는 소녀가 있었다.
소녀는 어느 날 냇가에서 물에 떠 내려오는 흰 구름을 보았다.
소녀는 항아리 속에 흰 구름을 물과 함께 떠 담아 가지고 돌아왔다.
집으로 돌아온 소녀는 아무도 몰래 흰 구름을 우물 속에 넣어 두었다.
그러고는 기쁜 일이 있을 때나 슬픈 일이 있을 때면
우물가로 나가서 흰 구름하고 이야기하며 지냈다.
하루는 흰 구름한테 물어보았다.
"어떻게 살면 행복해지니? 알고 있다면 말해 다오."
"좋아, 내가 깨닫게 해주지."
흰 구름이 일어나서 바깥으로 나왔다.
그러자 우물 속이 빈 화면이 되었다.

동전 하나가 나타났다.
양쪽 얼굴이 각각 다른 동전이었다.
한쪽은 웃는 표정이었고, 한쪽은 찌푸린
표정이었다.
동전은 때굴때굴 굴러서 뜨락에 섰다.
"볕이 드는군. 고맙기도 해라."
웃는 얼굴이 말하자 찌푸린 얼굴이 투덜거렸다.
"무슨 놈의 햇볕이 이렇게 시들해. 활짝 좀
쏟아지지 못하구서."

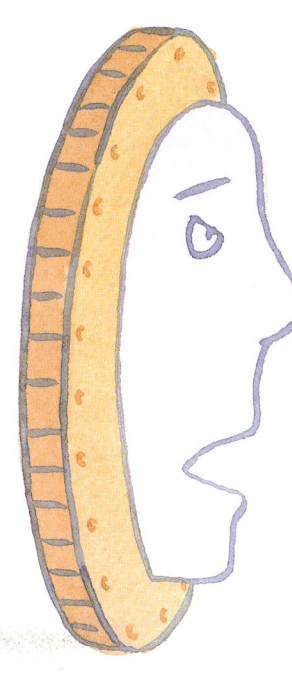

바람이 불어왔다. 단풍잎을 흔들었다.
웃는 얼굴이 말했다.
"상쾌한 바람이야. 산 너머의 소식이
단풍 물을 들이네."
찌푸린 얼굴이 말했다.
"빌어먹을, 웬 바람이 이렇게 차담."

동전은 때굴때굴 굴러서 언덕 위로 올라갔다.
찌푸린 얼굴이 말했다.
"먹지 못하는 풀이 왜 이렇게 많아."
웃는 얼굴이 말했다.
"여기에 더덕이 있고, 저기에 고들빼기가 있네."

해가 서산마루에 걸렸다.
웃는 얼굴이 감탄했다.
"아, 저 해 지는 아름다운 풍경 좀 봐. 이제 또 별을 보는 기쁨이 오겠네."
찌푸린 얼굴이 말했다.
"해가 청승맞게 지는군. 지긋지긋한 밤이 또 오겠지."

돌아오는 길에서 웃는 얼굴이 말했다.
"한 다리가 성하니 나는 행복하다. 어머니가 계시니 행복하다.
코로 향기를 맡을 수 있으니 나는 행복하고, 뜨거운 물을 마실 수 있으니
또한 행복하다."
찌푸린 얼굴이 말했다.
"한 다리를 저니 나는 불행하다. 아버지가 계시지 않으니 더더욱 불행하다.
왼쪽 귀가 약간 멀었으니 나는 불행하고 찬물을 마셔야 하니 역시 불행하다."

소녀는 우물에 기대어 잠깐 잠이 들어 있었다.
소녀의 얼굴이 웃는 표정이 되어 우물 속에 떠 있었다.
흰 구름이 살며시 소녀의 어깨를 감싸 안고 있었다.

어떤 낚시 대회

악마네의 우두머리가 악마들의 사기를 고취시키기 위하여 '인간 낚시 대회'를 열었다. 악마 중에서 내로라 하는 악마들이 서로 뒤질세라 다투어 인간 세상으로 낚시질을 떠났다.

저녁때가 되어 낚시질을 떠났던 악마들이 낚시 바구니를 들고서 돌아왔다. 우두머리 악마가 조황釣況을 조사하였다. 교만의 미끼를 쓴 악마도, 시기의 미끼를 쓴 악마도 조황이 제법 좋았다.

그런데 놀라운지고!
한 악마의 낚시 바구니에서는 세어도 세어도 끝이 없이 인간들이
쏟아져 나오지 않는가.
우두머리 악마가 말했다.
"이번 낚시 대회의 대상은 말할 것도 없이 네 차지이다. 그런데 무슨 미끼를
썼기에 이렇게 많은 인간들을 낚아 왔느냐?"

대상 수상자 악마가 대답하였다.
"포기라는 미끼를 썼습니다요.
'너는 이미 늦었다.'
'너는 후회해도 이젠 안 된다.'
'너는 아무짝에도 쓸모없다.'
이런 낚싯밥을 썼더니 이렇게 많이 딸려 왔구먼요."

생각하는 동화 1 **이 순간**

1판 1쇄 발행 1992년 11월 20일
2판 1쇄 발행 2007년 7월 10일
2판 3쇄 발행 2014년 7월 30일

지은이 정채봉
그린이 이성표
디자인 정계수
펴낸이 김성구

단행본1팀 박혜란 박유진 김민기 김동규
제 작 신태섭
마케팅 최윤호 손기주 송영호 김정원 차안나
관 리 김현영

펴낸곳 ㈜샘터사
등 록 2001년 10월 15일 제1-2923호
주 소 서울시 종로구 대학로 116 (110-809)
전 화 02-763-8965(단행본팀) 02-763-8966(영업마케팅부)
팩 스 02-3672-1873 **이메일** book@isamtoh.com **홈페이지** www.isamtoh.com

ⓒ 김순희, 이성표, 2007, *Printed in Korea.*

이 책은 저작권법에 따라 보호를 받는 저작물이므로 무단 전재와 복제를 금지하며,
이 책의 내용의 전부 또는 일부를 이용하려면 반드시 저작권자와 ㈜샘터사의 서면 동의를 받아야 합니다.

ISBN 978-89-464-1559-1 04810
ISBN 978-89-464-1558-4 (세트)

이 도서의 국립중앙도서관 출판시도서목록(CIP)은 서지정보유통지원시스템 홈페이지(http://seoji.nl.go.kr)와
국가자료공동목록시스템(http://www.nl.go.kr/kolisnet)에서 이용하실 수 있습니다.
(CIP제어번호:CIP2007001754)

값은 뒤표지에 있습니다.
잘못 만들어진 책은 구입처에서 교환해 드립니다.